똥도 촌수가 있다

이재덕 제3시집

창연

똥도 촌수가 있다

□ 시인의 말

책을 낸다는 것이 쉬운 일은 아닌 것 같습니다.
글을 쓴다는 것이 참으로 어려운 일인 것 같습니다.
산고를 겪는 고통스러움도 어쩔 수 없는 것입니다.
작품을 쓸 때마다 새로운 것이기 때문에 또 새집을 짓는 것처럼 주춧돌을 심고 기둥을 세우고 서까래를 얹으며 다시 생각하게 하는 것 같습니다.
아직도 아기가 첫걸음마를 뛰는 것처럼 어리버리 합니다.
나이가 들어 책을 낸다는 것이 기쁘기도 하지만 한편으로는 두렵기도 합니다.
세월이 그냥 가는 것이 아닌가 봅니다.
이제는 한 걸음 한 걸음 걸어간다는 것이 어제가 오늘이고 오늘이 내일인 것처럼 살고 있는 것 같습니다.
삶의 짜임새처럼 한 올 한 올 엮어가는 일과 인생이 맑은 아침 햇살처럼 빛나기를 바랍니다.
미숙한 작품이지만 한 자 한 자 정성을 다한 만큼 읽는 분들의 많은 지도를 바랍니다.

2024년 4월 이재덕

차례

ㅁ 시인의 말

1부_동물의 세계

013 • 돈 돈 돈
014 • 산다는 것은
015 • 차비
016 • 술값
017 • 그네
018 • 수족관
019 • 요즘 남자들
020 • 인사
021 • 요즘 사람들
022 • 비
023 • 점심
024 • 찻집에 앉아
025 • 제비
026 • 어제와 오늘
027 • 황송한 용돈
028 • 엄마 엄마
029 • 옛 추억
030 • 질문
032 • 동행
034 • 곡차
035 • 사라호
036 • 벚꽃
037 • 대화
038 • 동물의 세계
039 • 죽순
040 • 자리다툼

2부_세상인심

043 • 가슴 아리다
044 • 쥐들의 이사
045 • 좋은 일
046 • 문학관의 뒤뜰
047 • 점심값
048 • 경칩
049 • 절친
050 • 새물내
051 • 세상인심
052 • 흐르는 강물처럼
053 • 노부부
054 • 가슴 뭉클하다
055 • 디딜방아 화롱방아
056 • 이런 실수가
057 • 비대면
058 • 낮잠
059 • 물
060 • 바람
061 • 짐이 된 부모
062 • 귀찮은 존재
063 • 산책길
064 • 개소리
065 • 할머니들의 노탐
066 • 말
067 • 팔십 대
068 • 나이아가라

3부_손자와의 약속

071 • 하하하
072 • 요즘 며느리
074 • 고급기사
075 • 김장속
076 • 가스레인지
077 • 남새밭
078 • 무학산 둘레길
079 • 추석 선물
080 • 손자와의 약속
081 • 용돈
082 • 특실과 6인실
083 • 불 여귀 불 여귀
084 • 헌 집
085 • 빨래를 삶다
086 • 연애다리
087 • 한강 불꽃 축제
088 • 외출
089 • 재난 지원금
090 • 성호동
092 • 고향의 봄
093 • 어버이날
094 • 인심
095 • 감을 따면서
096 • 놀이터
097 • 요즘 노인들
098 • 배추김치

4부_오지랖

101 • 할머니
102 • 북마산 똥바람
103 • 똥도 촌수가 있다
104 • 두 집 살림
105 • 애완견
106 • 화장실
107 • 남자들의 길
108 • 산책
109 • 오솔길
110 • 되 밑 장사
111 • 그런 여자
112 • 행인
113 • 버스 좌석
114 • 놀이터 공원
115 • 오지랖
116 • 노란 버스
117 • 사천 무지개 해변
118 • 겉과 속
120 • 운전면허 시험
121 • 세차
122 • 허망한 세월
123 • 허망한 세월·2
124 • 저무는 삶
125 • 농담
126 • 화이트 소주
127 • 차종

1

동물의 세계

돈 돈 돈/ 산다는 것은/ 차비/ 술값/ 그네/ 수족관/ 요즘 남자들/ 인사/ 요즘 사람들/ 비/ 점심/ 찻집에 앉아 / 제비/ 어제와 오늘/ 황송한 용돈/ 엄마 엄마/ 옛 추억/ 질문/ 동행/ 곡차/ 사라호/ 벚꽃/ 대화/ 동물의 세계/ 죽순/ 자리다툼

돈 돈 돈

본포 가는 버스 안
내일이 보름이라 나물거리를 팔고 가는
할머니들 서너 분이 자리 잡았다
어휴, 힘-들-어, 힘들어

이제 내년에는 하지 말자는 탄성이 쏟아져 나온다
돈이고 뭐고 이젠 쉬어야지
할머니들의 이구동성
저 할머니들 과연 내년 보름에는
쉴 수 있을까?

문득 돌아가신 어머니 생각이 난다
이제는 돈도 필요 없다 하시면서도
가실 때까지 돈타령을 하셨던 어머니
살아 숨 쉬는 동안은
모두가 돈 돈이다

나도 그렇다

산다는 것은

이 나이 먹도록 세상을 모르나보다
인간극장에서 여자가 62살에 박사학위를 받았다고
부부가 마주 앉아 좋아한다
남의 일 같지 않다
내 이웃의 할머니도 환갑이 지나서야
운전면허를 따고 좋아하는 모습이 눈에 선하다
나이는 숫자에 불과하다는 말
백세시대 입으로만 아니고
지나가는 사람들이 하나둘
백 세를 가고 있다
모두가 다 한 발씩 느리게 또박또박 당기고
또 당기는 줄 당기기를 두 발로 버티고 있다

차비

어시장에서 할머니 한 분이 버스에 오른다
얼굴을 가리고 땡그랑 고개를 숙인다
기사가 보고
할머니 왜 천오백 원인데 천삼백 원만 넣어요?
천오백 원 넣었는데 아래로 떨어졌어요!

기사,
아니 물을 부어도 새지 않는데요
어디로 떨어져요
삼백 원 밖에 없잖아요
할머니 구시렁 구시렁 다시 동전을 넣는다
오백 원 넣었어요
큰소리 친다
기계에서 동전 두 개가 떨어져
땡그랑 소리 지른다 나 여기 나왔다고요
다시 지갑으로 들어가는 동전 쪽에
버스의 눈과 귀가 한쪽으로 쏠린다

술값

친구들이 모였다
'돈 없으면 집에 가서 빈대떡이나 부쳐 먹지'
무순치나 된다고 여자 술을 마셨다
화장실 간다고 구렁이 담 넘어가듯
슬금슬금 사라진 친구가 아닌
사기꾼들

취한 김에 아무것도 모르고 앉아 있는 주객
요술 카드도 없던 시절
할 수 없이 여자를 달고 왔다
그래도 사내라고 큰소리치는 주객
옆모습을 멀리서 바라보는
그녀의 눈에 새파란 불꽃
가슴을 파고들어 방울로 떨어졌다
그때 떨어진 방울들이 수십 년을 굴러다니다
어디로 굴러갔는지 사라진 지 오래됐다

그네

단옷날이면
집집마다 짚 석단씩 모아
그넷줄을 만들어
마을 뒷산 소나무에 매어놓는다
아침부터 아버지와 함께
밭을 갈고 있던 내 마음은
벌써 뒷산 그네에 올라타
치맛자락을 날렸다

하지만 밭일을 마치고 뒷산에
올랐을 땐 이미 대회는 끝나고
빈 박수 소리만 허공에 가득했고
색색이 치마폭을 날리며
빨간 댕기꼬리를 펄렁거리는
친구들의 모습이 눈앞에 어른거렸다
일등 광목 석 자
이등 광목 두 자
삼등 광목 한 자
놓쳐버린 광목이 노을이 되어
멀리 하늘 아래 길게 걸려 있었다

수족관

  향어가 육중한 몸을 안고 포개고 또 포개고 작은 수족관에 빈틈없이 누워 숨을 헐떡거린다
  보기에도 너무 답답하다 향어는 세상을 날고 싶어 소리친다 우리도 큰 세상에서 달리고 싶다고 세상 구경하고 싶다고 하늘을 날아다니고 싶다고 부드러운 옷 예쁜 액세서리도 달고 싶다고 이구동성으로 이야기 들이다 향어야 진상들이 물러가면 언젠가 너희들도 큰 강을 휘젓고 다닐 날이 올 거야

요즘 남자들

남자가 가방 메고 아이를 유모차에 태우고 간다
태호야 엄마는 지금 집에 누워서
책을 보고 있겠지
아들 아니 아빠 전화하고 있을 거야
부자父子가 주고받는 이야기 속에
한 가정의 달콤함이 묻어난다

더 들으려 해도
마침 차가 지나가는 소리에 사라진다
할머니는 자꾸 뒤로 돌아보며
그때를 생각하게 되었다
아기를 업고 짐을 이고 지고 가는 나그네를
물끄러미 쳐다보고 있다

인사

전에 다니던 약국에 오랜만에 들렸다
선생님 아직도 장사 하십니까
돈 좀 많이 안 벌었습니까?

우리는 진즉 일손 놓은 지가 20년이 넘었는데
인자 그만해도 안 괜찮습니까?
이제 편안하게 사셔도 좋으실 텐데요?
하고 인사를 하니

이래 나오면 돈이 들어오는데
안 할 수도 없고
물려 줄 사람도 없고 해서
지금까지 하고 있어요 한다
아직 건강하니까 좋은 일입니다
하면서 나오는데 옛날 살던 생각이
소리 없이 지나간다
저 멀리서 발자국 소리 들린다

요즘 사람들

오십 대 아줌마들의 수다를 듣고 있자니
쓸쓸한 바람이 분다
남편은 회사에서
상사 눈치에 살얼음판을 걷고 있는데
해외여행 누가 자주 가나 자랑이다
북유럽 어디 어디
우리나라 지형보다 더 잘 외우고 있다
일주일도 아니고 이주일도 아니고
한 달씩 다닌단다
남편 Y셔츠를 28개를 다린다고 했다
그래도 양호하다
어떤 여자는 회사에 전화 한 통 남기고
간다고 한다
나도 여자지만
듣다 못해
가슴이 부글부글 끓어오른다
세상은 요지경

비

밤 이틀 낮 이틀로 자고 간 그는
인사 한마디 없다

올 적에는 초인종을 누르고
요란을 떨더니만
갈 적엔 남 본 듯이
쌀쌀맞게 뒤도 한번 돌아보지 않았다
가을비 삼 일이나 와도
울 밑이 안 저는 말은 옛말이다

정이 그렇게 넘치든 목소리 몇 년이 지나도
전화 한 통 없다

점심

할머니 셋이 김밥집에 갔다
밥을 먹고 계산을 하니
주인아주머니는
카드는 안 되는데요 하며
난감해 한다
주위를 둘러봐도 현금은 없고
다들 카드뿐이다
멍하니 마주 보고 섰다

이런 낭패가 하는 수없이
두 할머니를 볼모로 잡히고
가방을 가지러 문학관까지 왔다
하필 다리 아픈 할머니가 곱빼기를 걸어
절룩거리면서 한다는 소리가
참 세상인심도 각박하고

하면서 또 한편으로는 바보짓도 했구나!
하면서 절룩절룩 걸어간다
가다가 다리가 아프니 앉아 쉬면서
뒤를 돌아보니 김밥집이 공중으로
훨훨 멀리 날아간다
김밥도 같이 따라간다

찻집에 앉아

바다를 바라본다
사람들이 만들어낸 인공 섬 돝섬을 달려가고
돝섬은 반갑다고 손을 내민다

할머니가 두 딸의 부축을 받고 앉아있다
힘이 드는지 무릎에 눕는다!
딸은 어머니를 안고 머리를 쓰다듬는다!
딸들은 어머니를 귀에 되고 이야기 중이다
문득 할아버지 생각에 눈시울이 붉어진다
아들이 세 놈이나 있어도
한 놈도 날 업고 들 구경 한번 시켜줄
놈이 없다고 넋두리를 늘어놓으셨다

그때의 할아버지 향교에서 돌아오시면
친구의 아들딸 자랑에 마음 아파하셨다
어린 마음에 들은 소리가 지금도 아련하다
하얀 두루마기에 갓을 쓴 우리 할아버지

제비

강남에 사는 강 여사는
빌라와 주택이 있다고 광고를 냈다
제비를 한 마리 산다는 광고다
어떤 얼빠진 풋 제비 한 마리가 걸려들었다
제비는 강 여사의 노예가 되어 열심히 일을 했다
날갯죽지가 부러지도록 일을 해도 소식이 없다
제비는 더 참을 수 없어
집과 빌라는 어떻게 된 거냐고 따져 물었다
강 여사 왈
빌라와 집은 벌써 당신 손에 넘어간 지 오래란다
웃지 못할 에피소드에
제비는 벌써 강남으로 날아갔다

'강남 갔던 제비가 돌아오면은
이 땅에도 또 다시 봄이 온다네!'

어제와 오늘

야채밭 유채님은 이미 저고리 벗어놓고
푸른 티 걸치고서 서성거리고
이웃 마을 청보리님은
살굿빛 얼굴을 하고 있다
햇빛은 바람에 식어가고
맑던 얼굴들은 사라진 지 언제던고
황량한 바람만 바다에 물결을 주무르고 있다

황송한 용돈

마산에는 시누이 둘과 그녀가 살고 있다
서울 형님은 그녀들을 삼총사라 부른다
그녀들은 작은 시누집이 아지트다
시누는 맛난 음식이나 먹을거리가 생기면
올케를 부른다
올케도 무슨 일이 생기면
시누에게 전화가 먼저 간다

서울서 시숙님이 오셨다
시누 집에 모였다 저녁 식사가 끝날 무렵
오라버니는 금일봉씩을 용돈을 주셨다
제수나 동생들이나 똑같이 삼총사라 부른다
그녀는 용돈을 받아들고 웃으면서
뒤돌아보니 지나간 삶의 물결이
출렁거리면 흘러간다
그 물결 따라 집에까지 떠 내려와
그녀는 용돈을 만지고 또 만지고
어릴 적 세뱃돈이 되어 날아다닌다
그녀는 세뱃돈을 잡으려 밤잠을 설치었다

엄마 엄마

시간이 얼마 남지 않은 엄마가
엄마를 보고 가락지를 빼어주면서
엄마가 없더라도 이것 팔아서
아이들 용돈 주라고 당부한다
새엄마가 들어오면 아이들 용돈도 어렵다고
엄마는 가슴이 무너지고
엄마는 먼 곳으로 떠났다
엄마와 손자들의 애끓는 통곡소리는
저승까지 들렸다
그래도 세월은 가서
그네들도 엄마 아빠가 되었다

옛 추억

어렵고 어려웠다
일손이 부족했던 그녀
남자도 하기 힘든 일을
산이고 들이고 종횡무진 누볐다
뭇 사람들의 사나운 입김도
귀 밖으로 날리던 그녀
세월이 흘러도 변할 줄 모르는 그녀
아니 변할 수 없는 그녀
그녀의 삶도 이제는 황혼이 젖는다

질문

1
애인이 있느냐고
교수님께서 농담 같은 이야기가 툭 튀어나왔다
옆에 있던 동료들은 이구동성으로
한 명, 두 명, 몇 명,
보자기를 풀어놓았다
할 말 잃은 그녀는 없습니다
말을 해놓고 나니 머리가 멍해 저 복잡하다
이웃들 다 순탄하게 산 삶들을
그녀는 왜 무엇을 했을까

아무리 둘러봐도 없다
십 년, 이십 년, 아니 반백 년을 기다려도
올 기미가 보이지 않는다
언제까지 기다려야 하나
백 년쯤 지나야 올라나
과거가 가물가물 머리에서 기어 다닌다
어린 나이에 중매로 만난 남자
흘러가는 세월 속에 굴곡진 그녀의 삶
사랑이란 글자는 저 멀리서 서성이고
저 개울물 소리 따라
밥 먹고, 빨래하고, 잠자고,
법으로 산 그녀의 삶

2
언제부턴가
어느 날인가
그녀에 창가에도 햇빛이 들어와
지금은 만학에 길을 걷고 있다
사랑은 언제 어디서 나타날지
기약은 없지만 혼자만의 사랑을 간직한 채
문학관 시 창작교실을 10년을 강독하고
오늘도 즐거운 마음으로 창작에 길을 걸어간다
걷고 또 걷고 어제도 걷고 오늘도 걷고 내일도
자꾸 걷다 보면 언젠가는 문학의 길도 따라오리라
배움에 길은 끝없는 바다와 같은 것

동행

1
아이들 웃음소리 잠든 놀이터
외로이 서 있는 벚꽃 한그루
새벽바람이 그냥 두질 않는다
윙윙 창문을 흔드는 소리가
덩달아 어깨가 움츠러든다

봄이면 꽃을 피워 즐거움을 주지만
아무것도 줄 수 없는 이도 있단다
오늘도 '안녕' 하는 인사는
허공을 맴돌 뿐이다
언제나 대답 없는 너
우리는 그저 소리 없는 동행

2
아이들 웃음소리 잠든 놀이터
외로이 서 있는 벚꽃 한그루
새벽바람이 그냥 두질 않는다

그런 네 모습을 바라보니
덩달아 어깨가 움츠러든다
그래도 너는 즐거움을 주지만
낙화된 나는 줄 것이 없구나

오늘도 '안녕' 하는 인사는
허공을 맴돌 뿐이다
언제나 대답 없는 너
우리는 그저 소리 없는 동행

곡차

임항선 거리를 걸어가는 저 할머니
비틀비틀거리면서 가고 있다
쪼르르 달려가 할머니 술 잡수셨어요?
아니 곡차를 마셨지 하면서 빤히 쳐다본다
할머니 얼굴에는
같이 또 한 잔이
서려있다

사라호

아침에 일어나니
초대하지도 않은 그가 찾아왔다
제관들이 집 제사만 지냈다
온종일 비바람이 마을을 강타했다
이튿날 낙동강은 붉게 옷을 갈아 입고
마을마다 찾아가서 휘젓고 다녔다

일 년 동안 찧어놓은 농작물 다 삼키고도 모자라
산과 집들을 깡그리 쓸어갔다
강물은 화가 나서
밤 사흘 낮 사흘로 집들을 몰고 갔다
지붕 위에 앉은 사람들이 살려달라 소리치면
회오리 한 바퀴 돌고나면 집도 사람도 사라졌다
창녕 황산을 손톱으로 **빡빡** 긁어 생채기를 내었다
수년을 상처가 아물지 않아 살점을 드러내고 살아왔다
그때 그 상처가 가끔씩
흘러흘러 전설처럼 칠십 년을 흐르고 있다

벚꽃

그대와 내가 같은 해에 여기로 왔지
내가 처음으로 그대를 만나 사랑에 빠졌지
그때는 당신은 초등학생
솜틀 보송보송한 어린아이였지
내가 창문을 열 적마다 그대는 나를 불렀지
아침마다 서로가 좋아 미소를 보냈지

당신을 만난 지도 어언 열다섯 해
이제는 어엿한 성년이 된 너를 잊지 못하고
오가는 모든 사람이
다 성숙한 그대를 보고 칭찬이 넘친다네
같은 세월 속에서도 당신과 나는 정반대일세
당신은 승승장구의 출셋길을 걸어가지만
나는 흘러가는 저 구름처럼
다시 돌아갈 기약이 없다네
놀이터 그네처럼 흔들리며 가는 나그네처럼

대화

언성이 높다 눈에 불을 켜고 입에 침이 튄다
내가 입만 열면 누가 손해를 보냐고 협박
공개하면 혼날 사람 많다
강물도 수위가 높아지면 가만히 있던 둑도 터질 수 있다
내가 걸어가면 새도 날지 않는다고 협박이다
무거운 나뭇가지를 등에 걸친 저 날 짐승도
하늘 높은 줄 모르고 날다가
받치고 있던 지지대가 이탈하면
그나저나 할 것 없이 한세상 꿈이어라

동물의 세계

인간이 짐승보다 더 잔인하다
짐승은 배가 고파야 사냥을 한다
또 짐승은 교미 때가 되어야 짝짓기를 한다
인간은 시도 때도 없다
교활한 인간들은 짐승보다
더 나쁜 짓을 많이 한다
많이 가진 인간들이 더 설치고 다닌다
계급이 높을수록 더 위세를 떨고 안하무인이다
과일과 식물들은 알이 찰수록 아래로 내려간다
벼 이삭처럼
인간의 욕심은 끝도 없고 한도 없다

이제는 좀 성숙합시다
그대들은 고등 동물이니까
위신을 세워 주세요
요즘 나리님들 보면 배울 것이 없습니다

죽순

갑옷을 입은
늠름한 자태의 저 사내
순간 내 눈은 초점을 잃어버렸다
달려가 악수를 청하려는 순간
벼락이 친다
멈칫 놀라 뒤돌아보니
이 사내도 임자가 있었네

사랑한다는 말 한마디 못 하고
속으로만 되뇌인다
한 걸음 앞서 만났더라면
그 자리를 떠나는
쓰린 마음은
아쉬움을 품고
뒤돌아보고 또 돌아보고

아! 짧디짧은
내 봄날의 짝사랑이여

자리다툼

꽃분홍 진달래
벚꽃과 목련도
철쭉 지고 나니
파랗게 깔린 자리
대지를 하얗게 수놓은 곳에

파랗게 달려오는 물결에
그 자리를 내어준다
산허리를 자리 잡은 녹음의 시대는
이렇게 시작된다
한참 상념에 잠겨있는데

따르릉 벨 소리가 귀를 때린다
남편의 병원에서 걸려온 전화
터줏대감으로 집을 지키던
혈액이 제 자리를 지키지 못해
그 자리에 새로운 주인을
안주시킨다고 한다
또 가슴이 쿵쾅쿵쾅 뛴다
시시각각으로 다가오는
또 다른 자리다툼들

2

세상인심

가슴 아리다/ 쥐들의 이사/ 좋은 일 / 문학관의 뒤뜰/점심값/ 경칩/ 절친/ 새물내/ 세상인심/ 흐르는 강물처럼/ 노부부/ 가슴 뭉클하다/ 디딜방아 화롱방아/ 이런 실수가/ 비대면/ 낮잠/ 물/ 바람/ 짐이 된 부모/ 귀찮은 존재/ 산책길/ 개소리/ 할머니들의 노탐/ 말/ 팔십 대/ 나이아가라

가슴 아리다

사촌은 가게를 산다 하니까
형제들이 십시일반 모아서 힘이 되었다

외삼촌 문병 가면서 막내가 형님들 똑같이
만 원씩 내세요. 하면서 돈을 거두어 사형제가
의좋게 하는 것을 본 그 사람 너무 부러워
참 보기 좋다

나도 형제는 많지만 하고 말끝을 흐린다
건너편 솔밭에서 횡하니 바람이 내려와서
그를 안고 토닥거린다.
마음을 비우고 살라고 귓속말을 한다

쥐들의 이사

한여름 오후 한낮 마루에 앉아있는데
어미 쥐가 새끼를 물고
마루 밑으로 옮겨다 놓는다
다섯 마리나 되는 새끼를 다 물어다 놓는다
이상히 여기고 있는데
한 시간쯤 지나니 소나기가 쏟아져
마당 끝에 있던 쥐 살던 집은 물살이 쓸어갔다
하루 점을 치는 쥐들의 세계가 신기하다
사람보다도 쥐가 더 영물이란 것을
그때는 몰랐다
배에서 쥐들이 나오면
배를 띄우지 않는다는 것이다
세상 이치가 아리송하다

좋은 일

새벽을 깨우는 핸드폰
벨 소리가 귀를 더듬자
대구에 사는 동생의 목소리가
흘러나온다
"누나 좋은 일 생겼다 축하한다"

좋은 일이 "뭔데?"
"부산 숙모가 돌아가셨다"
"야 이놈아 숙모가 돌아가셨으면
슬픈 일이지 어째 좋은 일이고!"
동생은 어차피 숙모 연세가 많으신데
좋은 일 아니냐며 농담 같은 진담을
늘어놓는다

말없이 지나온 시간들
많은 생각을 하게 하는 오늘 아침
고희를 넘긴 내 나이가
어스름한 새벽녘 찬 공기에 쌓여
무거운 깃발처럼
나를 짓누른다

문학관의 뒤뜰

황홀한 그대 향기 가슴속 파고든다
코를 벌름거리며 눈을 굴린다
저쪽 언덕에 천리향 당신이었군요
아아…
당신의 향기

나의 코만 자극하고 곁도 내주지 않는 당신
행여나 가까이 올까
뾰족한 눈빛으로 무장했건만
바라만 봐도 가슴 설렌다

점심값

계산대에 걸어 나온 카드
카드는 안 되는데요

주인장의 죄송스런 거절
내 카드는 길을 잃고
헤맨다
미처 발견 하지 못한
한쪽 벽에 붙은
경고장 아닌 경고장

"카드는 안돼요"

며느리 지갑에서
현금이 훌쩍 튀어나오니
어기적거리던 내 비상금은
꼭꼭 숨어 버렸다

무안한 듯, 미안한 듯, 좋은 듯
행복한 생각들이 밝아진다

경칩

개구리가 개굴개굴
일찍 나들이했다
갓 태어난 아기처럼
살갗은 쭈글쭈글
아침 바람 찬바람에
두 손을 호 호호호
불던 세월 만큼이나
아무도 없는 개울가에

앉은 두 내외
아직 바람이 차구만
이구동성 개굴개굴
어느새 해는 뉘엿뉘엿 청춘은
같이 기울고

다 늙은 개구리 주책없이 개굴개굴
여기저기 기웃기웃 눈치 없이 개굴개굴
세월이 달라진 줄도 모르는지
손을 잡고 걸어가는 두 노인네

절친

절친으로 좋아하는 땡땡이들
한 사람을 두 여자가 좋아했다
박 여사와 김 여사는 동기간이다
그가 손을 내어밀면 두 사람은 총알이다
한 살 차이 나는 또래 집단이다
누가 먼저랄 것도 없이 먹을 것을 제공한다
제공하는 땡땡이나 받아주는 땡땡이나
서로가 다툼이 심하다
이런 다툼 때문에 많이 애를 먹을 때가 있다
그날도 가까이 가도 되는 것을
더 멀리멀리 소리치는
땡땡이들 때문에 발품깨나 팔았지
긴긴 해가 서산으로 기울어간다
모두가 머지않아 가는 길을 알고 있다

새물내

서쪽 하늘 천둥 치면 소나기 넘어오고
급한 비 지나가면 개울물 넘쳐난다
새물을 마시자고 물고기 잔치한다
누구라 할 것 없이 여기저기 모여든다
뒷동산 산토끼도 마루 밑에 강아지도
꼬리를 살랑살랑
소식 없던 옛 친구도 전화 소리 요란하다

세상인심

사돈이 우울증에 걸려 아들집에 왔다
손자도 보아주고 잘 있는데
요즘은 바지자락 보다
치맛자락이 기가 세다는 말이 맞는 것 같다
친정어미란 사람이 이때 돈이나 좀 빼내
저의 집이나 늘려라 하고 딸을 부추긴다는 소문이다
아무리 황금만능시대라 하지만 아픈 사돈을 두고
돈타령을 하는 사람은
오장육부가 아니고 칠부쯤 되나 보다
떠도는 소문이 아들만 셋이면
목메달이라고 우스갯소리가 난무하다
요즘 세상 돌아가는 꼴이 벌새 춤을 추고 있다

흐르는 강물처럼

덜커덩 덜커덩 오늘따라 창문도 요란하다
강한 바람의 노크 소리
새들도 슬피 운다
저녁노을 저무는 날 텅 빈자리 바라보며
당신의 향기 그리워진다
눈앞에 흐려진 부연 안개
구름에 가려진 슬픈 저녁

긴 산허리 돌고 돌아 휘감고 가는 뒤 모습에
그는 아직 말이 없다

노부부

할머니 모임에 나와 하소연이다
영감부터 보내고 가야지 넋두리를 한다
맞장구치는 또래 할머니 그래도 있을 때가 나아
하면서 외로움이 묻어난다.

하루라도 남자가 먼저 가야지
여자는 혼자 살 수 있지만 남자는 못살잖아
이구동성으로 맞장구를 친다
어느새 해가 넘어가고 각자 집으로 돌아가면서
다음에 만나자는 약속이 길게 늘어진다!
외로운 바람 한 점 지나간다
아쉽게 뒤돌아보면서 어슬렁거린다

가슴 뭉클하다

오래간만에
외손자를 오라하여 점심을 먹었다
제 어미와 애비도 같이 왔다
외손자와 점심을 먹고 난 후
아빠 오늘 점심 한 끼가
내 알바 2일 치가 넘어요 한다
가슴이 뭉클

부자들은 돈을 감당을 못해
짐승 같은 싸움질이다
허연 이빨을 드러내고
돈을 얼마나 손에 쥐어야
이 싸움이 멈추려나
옛말에
벼가 익으며 고개를 숙인다 했다
부자가 하늘을 주린다고 했나?
반성, 반성
헛소리 해 본다

디딜방아 화롱방아

괴팍한 칠촌 아저씨
낙동강 통통배에 마음 싣고
남지장날 보리방아 찧으러 갔다
하룻밤 자고 나니
보리쌀이 절반이 없어졌다
술김에 찧은 방아
벙어리 냉가슴에 아깝고 아까워서
아무리 탄식해도 배는 이미 떠나가고

쏟아진 물 다시 담지도 못하고
마누라 보기 민망하고
마을 사람 소문은 날개를 달아
하루 전에 날아오고
한 톨 한 톨 세던 사람 가마니로 나갔으니
한다는 그 말씀이 쯧쯧
집에다 두고서 집에다 두고서
길게 여울져 흘러갔다

이런 실수가

사람들의 말 한마디 실수가 오해를 사고
생각지도 않은 일이 생겼다
개인의 일도 아니고 병원에서의 오진은
사람의 인생을
바꿔 놓을 수도 있다
교통사고 환자를 X레이만 찍고 이상이 없고
코로나에 걸렸다고 집으로 돌려보낸다

다른 병원에서 검사를 하니 코로나도 아니고
전치 8주 진단이 나왔다
등뼈와 갈비뼈가 여섯 개가 부러진 것이다
병원에서 진통제를 맞으면서 치료를 했다
이런 사람들의 무책임을
세상은 언제까지나 강자편일까?

비대면

사람만 비대면이 아니다
돈도 비대면이다
우체국에 소포를 붙이면서
입에 손을 대고 돈을 꺼냈다
직원이 깜짝 놀라면서 그 돈을 안됩니다 했다
나이 탓이라고 사과를 하고 카드로 결제를 했다
돌아오는 길이 쌀쌀한 바람이 분다
때마침 은행잎이 어깨를 감싸면서
내 마음을 몰고 간다
우리 같이 동행하자고 속삭인다

낮잠

병원에 갔다 와서
소파에 누웠다

깜박 조는 사이
친구가 저 멀리 가고 있다
그 친구를 부르면 뛰어갔다
그런데
다리가 자꾸 따라오지 않는다
아무리 발버둥을 쳐도 뒷걸음질
몸이 급해 소리를 질렀다
거기서 같이 가
코 고는 소리와 함께 잠이 마음의 짐을 지웠다

물

작은 피라미 헤엄친다
비 오는 소리 시끄럽다
이제는 소나기가 쏟아졌다
머리에 부은 물이 목덜미를 타고 내려온다
멈추지도 않고 발등까지 쏟아졌다

처음엔 물꼬에서 졸졸 새더니만
시냇물에서 개울물로 개울물에서 강물로
또 바다까지 흘러가네
소소한 작은 틈이 큰 물결로 넘쳐난다
온 천지가 물바다가 되었네

바람

바람이 불었다
그 무서운 바람 낮부터 불었다
밤바람보다 낮 바람이
더 세다
나중에는 태풍이 되어
진해로 부산으로
경북 의성까지 휩쓸었다
타 도시까지 종횡무진
기세등등하던 칼바람
한낮 쓰레기로 날아갔다
한동안 쉬지 않던 바람 쇠잔해져
주저앉았다
바람이 다가가
폐허로 만든 곳에 다시
순풍이 분다

짐이 된 부모

언제부터 노인이 이렇게 되었나!
여자 셋이 서로 툭툭 돌을 던진다

요양병원 참 잘 되었다
아니면 이 여름에 오라 가라
따가운 눈총을 받을 것인데
병원에 넣어 놓으니 너무 좋단다
가끔 한 번씩 들여다보면 끝
수다를 떨며 박장대소다
뒤를 돌아보았다

미래의 짐짝들이다
더 큰 짐짝이다

귀찮은 존재

올여름에도 모기가 성황이다
이놈의 자식들이 눈에도 잘 보이지 않고
어느새 몰래 와 귀를 간질이고 갔다

조금 있으니 딴 놈이 발가락은 핥고 갔다
요놈의 새끼들 누가 이기나 하고
온 집안 등을 다 밝히고
회초리를 들었다

산책길

걸음이 시원찮아 동행 없이
홀로 가는 저 노인네
가다가 서고 가다가 서고,
쌍쌍이 옆으로 지나치는
사람들을 보고 멍하니 선 저 노인네
그도 한때는 청춘이 있었지
노인은 무슨 생각을 하는지
많이 무거워 보인다
바람이 다가와 속삭인다
내가 밀어줄 테니 같이 가자고

개소리

손녀가 수학여행을 가는데
할머니가 예야 사람이 술을 마시면 개가 된다
하고 할머니가 손녀한테 일러주었다

할머니 말씀에 손녀는
친구들이 술을 먹어도 손녀는 먹지 않았다
자고 나서 보니 친구들이 멀쩡했다
이상히 여긴 손녀는 할머니에게 전화를 걸어
"할머니 어제저녁 친구들이 술을 먹었는데
지금 멀쩡해 개가 안 돼서"
"애야 네가 친구들을 살렸구나 착한 일 했다"
하고 칭찬을 해주었다
요즘 TV를 보면 내로라하는 사람들
거짓말을 밥 먹듯이 하고 있다
서로가 내로남불이라고 떠들썩하다
언제쯤이면 이런 유머들이 사라질지
아득히 멀기만 하다

할머니들의 노탐

끝날 줄을 모른다
집에는 냉장고가 세 개나 있다
그것도 문을 열면 툭툭 흐른다
생일날 아들딸들이 어머니 선물 뭐해 드릴까요?
서슴없이 냉장고란다
세대차이다
보릿고개 건성을 버리지 못하는 그 심정
들릴락 말락 보일락 말락 그대는 간다

말

김 선비와 이 선비가 정육점에 고기를 사러갔다
이 선비 "여보게 박 서방 고기 한 근 주게"
"예, 생원님" 하고 고기를 툭 잘라
"여기 있습니다 여기" 하고서 내어준다

김 선비 "야! 이놈 00아 고기 한 근 끊어라"
"예, 생원님" 하고서 고기를 잘라준다
질 안 좋은 고기가 반 밖에 안 된다
"야, 이놈아 내 고기는 왜 이리 작으냐?"
"예, 이 생원님 고기는 박 서방이 자른 고기고요
김 생원님 고기는 00이 자른 고기입니다요"

말 잘하고 뺨 맞을까?

팔십 대

세월을 비키지 못하고 속수무책이다
몇십 년 모임이 스스로 무너진다
얼마 전만 해도 노닥거리던 소리가 떠들썩했는데
어느새 반으로 줄더니만 전년에는 삼십 %
올해는 툭 끊어진 연줄처럼
가물가물 멀어져 몇 명 나오지 않았다고 하소연이다
칠십 대는 칠십 리 팔십 대는 팔십 리로 달려간다
따라가기 힘들어 갈팡질팡하는 발걸음
밧줄로 꽁꽁 매어 당겨야겠다

나이아가라

젊은 아빠가 아이를 데리고
일 층에서 롤러스케이트를 타고 있다
2층 할머니 소음에 놀이터 가서 타라고 했다
젊은 아빠가 "할머니 높은 층에 가서 살지
왜 낮은 층에 살면서" 하고
짧은 말을 하면서
아이를 두둔하고 야유를 보낸다

할머니는 어처구니가 없어
"예,
높은 층에 못살고 낮은 층에 살아서 죄송합니다"
아이 아빠 아이 손을 잡고 잽싸게 달아난다
옆으로 늙은 바람이 지나가면서
'요즘 것들은 아래위도 몰라'
사라진 뒤를 물끄러미 바라보는 눈에
저녁노을이 빛난다

3

손자와의 약속

하하하/ 요즘 며느리/ 고급기사/ 김장속/ 가스레인지/ 남새밭/ 무학산 둘레길/ 추석 선물/ 손자와의 약속/ 용돈/ 특실과 6인실/ 불여귀 불 여귀/ 헌 집/ 빨래를 삶다/ 연애다리/ 한강 불꽃 축제/ 외출/ 재난 지원금/ 성호동/ 고향의 봄/ 어버이날/ 인심/ 감을 따면서/ 놀이터/ 요즘 노인들/ 배추김치

하하하

바람이 문을 열고 들어와
부부를 묶어놓고 칼을 들이대면서
사모님은 어디 갔어?
마누라 전대요
도둑 하하 난
가정부라고 하면서
돈을 내어놓으란다

오백삼십만 원 있으니 내일 아침에 쓸 돈이니
삼십만 원은 두고 가라고 했다
도둑 다 가져가면서
내 눈이 어찌 된 것 아니냐
내 눈만 그러나
다른 사람들 보기도
그렇게 보이나
투덜거리며 쉬~잉 하고 사라진다
소문은 한동안 마을을 서성거리고 다녔다

요즘 며느리

1
제삿날 시어머니 외출을 하면서
떡쌀을 담그라고 했다
집에 돌아온 어머니 떡쌀을 보고
너무 많다고 놀랐다
며느리 시어머니 걱정에
연탄을 쌀 함지박에 넣었다
시어머니 하루종일 씻은 쌀이
까맣다 못해 푸르다

그날 푸른 떡 먹고 간 할아버지는 이렇게 말했다
네가 내 손부면 언젠가 같은 날이 올 거라고 일러주었다

2
시어머니 며느리 친정 오빠 소개로 커튼을 달았다
며느리는 색상이 마음에 들지 않는다고
손으로 커튼을 낚아채 떨어트렸다
이것이 커튼 색이냐고
고래고래 고함을 지른다
시어머니 커튼을 안고 안절부절못하고
보다 못한 친정 오래비 손이 번쩍 올라갔다

비싼 커튼이 집을 떠나
마을 골목골목 누비면서 노닥거리고 있다

고급기사

예순이 다 되어 배운 운전
남편을 태우고 서툰 운전 실력으로
엉금엉금 기어간 고향 나들이
점잖은 시숙님 정다운 얼굴로 바라보며
"마산 동생은 아주 고급기사를 데리고 다니네"
하면서 껄껄 웃는다

왕초보 기사를 고급기사라니
쥐구멍이라도 찾고 싶었다
그 세월도 후다닥
강산이 한번 변하고
내 운전석 옆자리는 영원히 비워졌다
그 후 나도 기사 휴직을 자주 한다
사랑하는 나의 애마
주인을 기다리다 지쳐 먼지를 둘러쓰고
밤이나 낮이나 기다림에 애를 태운다

김장속

엄마가 양념을 하면서
콧물이 톡 하고 떨어졌다
그게 자취를 감추고 행방불명이다
찾을래야 찾을 수 있는 흔적을 남기지 않았다
겨울이 다 지나가도록 김치는 말이 없다
딸은 김치를 먹을 때마다
환상이 다가와 속이 미끈거린다

가스레인지

시골집에 갔다 온 자린고비
형님 집에는 성냥 없이도
그냥 불이 붙더라 하면서 신기해했다
마산도 그것 없는 집이 없는데요
우리 집만 없지 하고
기어들어 가는 목소리로 중얼중얼

연탄만 때다가
겨우 석유곤로 산 것이 얼마 되지 않았다
시간이 기어가고 세월도 따라가니
그녀의 집에도 가스레인지가 들어왔다
가스통을 바꿀 적마다
전화통이 울리고 종종걸음이다
그렇게 느릿느릿 걸어온 길
차곡차곡 포개진 상자처럼
쌓인 걸음 걷고 또 걷고
쉼 없이 한길로 간 시간
이제는 찾을 수도 없고
잡을 수도 없는 바람처럼 지나갔다

남새밭

배추와 상추, 시금치와 부추가 이야기하고 있다
"사람들이 우리네 중에 누구를 제일 좋아할까"
상추가 "내가 제일이야"
배추는 "아니 내가 더 좋아"
서로가 자기 자랑을 한다
옆에 있던 부추가 나선다
"나는 일 년 내내 먹거리를 주잖아
베고 또 베어도 자꾸 주잖아
나 같이 생명력도 강한 사람 있으면 나와 봐"

옆에 있던 시금치 "맞아 맞아 부추 네가 최고지
하지만 나도 할 말은 있어 겨울이나 봄이나
언제라도 나올 수는 있어
나물 중에는 내가 최고잖아"
서로가 잘났다고 옥신각신 하고 있다
이때 무가 "너희들 왜 그래
나 같은 사람 있으면 나와 보라고 해"

무학산 둘레길

길을 가던 할머니
편백나무 품에서 S자 의자에
하늘을 쳐다보고 누웠다

마침 바람이 따라와
나무 꼭대기에 서서 하늘을 쓸고 있다
먼지가 나는 것을 보고
할머니 앉았다 누웠다 한다

한참을 하늘을 쓸던 바람이 말없이 가고
할머니도 뒤따라 일어나 간다
의자가 따뜻이 말을 건다
언제나 기다리고 있겠다고

추석 선물

택배가
비명이다
경비 아저씨가 점심 먹을 시간도 없다고
투덜댄다
위에 층 할머니, 자기 집에는 선물이 안 온다고
궁시렁거린다
15층 아줌마는 택배 선물이 많아 처치 곤란이라
배부른 소리한다
4층 삼촌도 유통기한 넘기는 게 많다고
헛소리 깨나 한다
모두가 다 푸념한다고
비명이다

삶이 다 고르지 못해 아우성이다

손자와의 약속

중학생 때 할머니 오래오래 사셔요
십 년만 지나면 내가 대학 졸업하고
돈 벌면 할머니 다 드릴게요
대학생이 되었다
농담 삼아 너 돈 벌면 할머니 준다는 약속 잊지 않았지
할머니 나 약속 안했는데요
하면서 엉뚱한 소리를 한다
그래도 귀엽기만 하다
알았다 요놈아 하면서 지갑이 스르르 열린다
어느새 내 손이 손자의 엉덩이를 두드리면서
내 강아지 맞지하면서 세월을 더듬어 풀고 있다

용돈

길 가던 할머니가 놀이터에 앉아 쉰다
잠시 쉬고 일어서 간다
잘 못 넣은 주머니에서 돈이 솔솔 흘러내린다
저만치 가고 있는 할머니
뒤에서 아기와 엄마가 할머니를 부른다
할머니는 듣지 못하고 가고 있다
또 할머니 할머니 가던 할머니 뒤를 돌아본다

고사리 손이 돈을 꼭 쥐고 있다
엄마와 애기가 웃으면서 할머니 한다
돈 보다도 정겨운 모자母子가 용돈이다

옛날에 할머니 외삼촌한테 용돈 받은 생각이
머리에서 맴돌다 지나간다

특실과 6인실

남편이 병원에 입원을 했다
특실입니다
특실은 얼만데요
하루에 오십팔만 원입니다

안됩니다 6인실 주이소
없습니다
지방에서 왔는데 좀 봐 주이소
방이 없습니다
특실, 1인실, 2인실

일주일 만에야 6인실이 다가왔다
약자의 비애가 2주 내내 서성거린다

불 여귀 불 여귀

남편이 죽었다
상여 나가는 날 머리 풀고 온종일 방에 누워
이리 둥글 저리 둥글 네 살 아들 부여잡고
우리 땡땡이 열 살까지만 살아서도
두견새 피 토하듯이 온종일 울고 있다
상갓집 모인 사람 밥 먹느니 하나 없다
그 남편은 어찌 하여 그런 가족 남겨두고
먼 길을 떠났을고
그 여자 슬픈 곡조 따라 뻐꾹새도 같이 운다
뻐꾹 뻐꾹

헌 집

가회동 남촌 집은 서까래 드러나고
벽에 붙은 거미줄은 안방을 차지하고
쥐들의 구멍으로 구렁이 드나들고
장독대 흙먼지는 바람 따라 넘나들고
나다니던 화초밭은 누더기 걸쳐 입고
손님을 기다린다
행랑채 간곳 없고
몸채만 덩그러니 외로이 서 있구나
인적은 간곳없고 무심한 바람 소리
옛정을 나누는지 나를 반겨 주는구나!

빨래를 삶다

비누가 녹아든다!
온몸이 가렵다
물결이 더워 왔다
어미는 가랑이 보고 바깥을 보라 한다
불 지피는 사람이 늙은이가 젊은인가
젊은이가 불을 때면 몸살이나 할 나인가
늙은이가 불을 때면

가랑아 눈 꼭 감아라
잠이나 자자!

연애다리

세월은 비껴가지 못하고
어느새 짝을 잃고 외로이 서 있는
수양버들
올봄은 무척 쓸쓸해 보인다
옛 생각을 하는지 자꾸 쳐다보는 눈길이 애처롭다
이웃하고 있는 목련은
아직도 연애를 하는 지 소곤거리고
버들의 비위를 건드린다
한참을 바라보고 있던
할머니 아이고 너나 나나
거기서 거기인 것을

한강 불꽃 축제

특별시민들의 꼬락서니가 말이 아니다
입은 내로라하면서 행동거지는 진짜 거지다
쓰레기 더미에 묻힌 강변이 몸살이 나서 아우성이다
전파를 타고 타서 방방곡곡 누비고 다니는 꼴이
서울의 자존심이 무너진 것이 안타깝다

외출

오랜만에 딸이 왔다
옛 생각에 길을 나섰다
칠곡면 자굴산 중턱 육각정에 앉아
지나간 시간을 더듬는다

등선을 따라 정상에 올라 표지석을 안고
찍은 사진들이 줄을 지어 지나간다
엄마 뭘 해요
응!
지금은 다리가 아프니
눈요기 한다고 보고 안 있나

그때 등산객 한 무리가 와르르 내려온다
나도 한때는 저 사람들보다
더 능선을 주름잡았지
하고서 먼 하늘을 쳐다보니
구름 한 점 둥둥 떠서 내게로 온다
너도 나와 같이 갈 곳이 없니
실없이 말을 건다

재난 지원금

필요한 사람 따로 있고 안 필요한 사람 따로 있다
자랑삼아 떠벌리고 다닌다
공짜 돈이라고 눈 쌍꺼풀 하러 간다고 아우성이다
젊은이들의 피 같은 혈세가
흘러가는 하수구 꼴이 안 되기 바란다
가게 접고 직장 잃고 힘든 사람들이 얼마나 많은데
길을 잘못 헤매는 눈먼 돈이란 이름이 아쉽기만 하다

성호동

가고파 꼬부랑길이
마을을 휘젓고 있었던
옛날 살던 동네 성호동

길목에 과자 공장은
시멘트를 베고 누웠고
내가 살던 집은
흔적조차 알 길이 없다

시청집이라 불렀던 고모님 집과
돌계단들은 세월의 무게를
고스란히 안고 비켜 앉았다
사람 발길 끊이지 않던
공동 우물은 사람 따라 떠났을까

동네 초입 간신히 몸 보전하고
자리를 지키고 있는 쌀집이
유난히 반갑다
다시 돌아오라는 맘씨 좋은 쌀집 아저씨
어둑해진 저녁
그 누구 돌아오는 날
외롭지 않을 마음으로

가게 앞 전등을
오늘도 환히 밝혀 놓는다

고향의 봄

큰골 작은골 골짜기마다
눈물이 녹으면
도랑에 맑은 물속 가재가 헤엄치던 곳
봄이면 할아버지는
병아리 내린다고 짚동가리를 만든 곳
아버지는 쟁기를 꺼내었고
호미가 대장간에 다녀오던 곳

어머니는 방 윗목에 흙 상자를 만들어
고구마 순을 길러내던 곳
까마귀가 날면
어미 닭은 병아리를 날개 밑에 감추던 곳
벌써 반백 년이 지나간 봄
이젠 그들은 가고 없다
잡을 수 없는 그 시절
지금에 오는 봄은
내가 아는 그런 봄은 아니건만
마음 설레던 그때의 봄이
줄줄이 내 앞을 지나간다

어버이날

오래 살고 볼 일이다
출가시킨 딸년들이 봄바람을 몰고왔다
강산이 세 번을 넘고 넘어
팔순을 바라보는 촌로 앞에

하얀 봉투가 달려왔다 설레는 가슴을 넘어
빙그레 미소는 덤으로 달려온다
봉투를 열어보니
세종대왕 사진이 열 장씩 들어있다

인심

기원에서 바둑과 장기를 두던 노인네들 화투를 쳤다
만지면 커지는 것이 화투판이다
돈이 모자라 이웃 가게에
금목걸이를 잡히고 돈을 빌렸다
김 노인이 가져올 때는 오천 원인 것을
박 노인 가져오니 팔천 원을 쳐준다
김 노인은 사람 차별한다고 노발대발이다
돈도 금목걸이도 사람들의 신용에 따라
값이 오르락내리락한다
옛날이나 지금이나 계급 따라 사람을 판단한다
TV를 보면 잘 나가는 사람일수록
남의 입에 많이 오른다
남의 입에 많이 오르는 사람이
유명한 사람이니까

감을 따면서

까만 보자기가 그를 덮쳤다
보쌈을 당한 것이다
보쌈을 당한 그는
영락없이 몸을 내어줄 수밖에 없었다

문학관 학생들은
그를 보고 환호성을 질렀다
남이 죽던 말던
아랑곳하지 않는다
그는 몸부림을 쳐도
속수무책으로 당하고 만다

죽음을 당하면서도
진심을 사람들에게 넘겨주고
감이 된 것을 후회하고 다음 생에는
당신들보다 더 훌륭한 사람이 되어
그들을 사랑하리라

놀이터

스르르 다가온 그네
두 손으로 잡았지만
아이들이 다 차지한 그네
내 자리가 없다

그중에 제일 큰 아이에게
아줌마 한번 타보게
네가 제일 큰 언니니 양보 좀 할래?

그 아이 통발만 한 눈으로 쏘아보면서
아줌마가 나보다 더 크네요!
하며 고개를 돌린다.
그래 크기는 내가 더 커지
한참을 생각할 일을
내가 경솔했어!

멀리서 구름이 달려와 말을 건다
요즘은 늙은이 말이 안 통한 지가
오래 되었다오
저기 의자에나 갑시다
하면서 둥둥 앞서 걸어간다

요즘 노인들

칠십이 넘은 노인네
마비증상이 와 쓰러졌다
코피를 쏟고 몇 시간을 몸부림 끝에
간신히 일어났다
자식들 알까 봐 병원도 안 갔다고 한다
행여나 요양원에 보낼까 봐서
그 길로 요가를 했다 한다
사람이 제 죽을 짓은 하지 않는다고 했다
많은 노력 끝에 이웃의 이야깃거리다
남의 일 같지 않은 노인네들의 일상생활이다

배추김치

채소의 왕좌에 앉아
잘난 체 하는 당신
혼자서는 사랑을 받을 수 없다
겉보다도 속이 고와야 하고
아무리 당당하던 당신도
소금에는 힘 못 쓰는 것
고추와 마늘, 젓갈을 따끔하게
먹고 나서야
제맛이 나는 당신

사랑받는 청춘도 잠시
당당하던 당신도 세월 앞에는
두 손을 들었지
그래도 같이 손잡을 수 있는
것은 당신뿐이었어
아직도 당신이 최고야

4

오지랖

할머니/ 북마산 똥바람/ 똥도 촌수가 있다/ 두 집 살림/ 애완견/ 화장실/ 남자들의 길/ 산책/ 오솔길/ 되 밑 장사/ 그런 여자/ 행인/ 버스 좌석/ 놀이터 공원/ 오지랖/ 노란 버스/ 사천 무지개 해변/ 겉과 속/ 운전면허 시험/ 세차/ 허망한 세월/ 허망한 세월·2/ 저무는 삶/ 농담/ 화이트 소주/ 차종

할머니

가을바람이 걸어온다
폐지를 줍는 손이 흔들린다
큰 손 작은 손 가리지 않고

윙윙 씽씽

스치는 바람 소리에
더 꼬부라드는 바람의 등

폐지는 그렇게 쌓이고
어느새 수레는 만선이다
이때 쏟아지는 휘파람 소리

휘-이 휘-이이

길모퉁이를
수레와 함께 휘돌아 간다
꼬부라진 가을바람도 같이 간다
길게 느릿느릿 동행을 한다

북마산 똥바람

아무도 초대하지 않았다
염치도 눈치도 없이
밀고 들어와 옷자락을 들고
맨살을 더듬는다.
징그러운 그의 손이 닿을 때마다
소름이 송송 돋는다
거기다 방귀까지 부우 웅 ~~~
끼면서 설치고 다닌다
그렇게 설치고 부대끼다
힘 빠지면 소리 없이
떠날 거면서
왜 미련을 두고 가려나
애초에 오지나 말지

똥도 촌수가 있다

할아버지 할머니 병구완할 때
어머님의 하소연이다
할아버지는 겨울에 할머니는 여름에 기일이다
할머니 때에는 파리와 냄새가 온 집안을 휩쓸고 다녔다
할아버지는 강물이 깡깡 얼어 얼음을 깨고 빨래를 했다
누렇게 문명 옷에 배인 똥물이 지워지지 않아
시린 손을 호호 불면서도 참아야 했던 시절

아버지 기일은 가을이다
어머니 애들아 똥도 촌수가 있는 갑다
아버지 수발을 어른들과 똑같이 했는데
귀찮아하지 않으셨다 누구 하나 도와주지 않았는데도
말없이 지켜온 그 시간
출가한 딸들은 하나도 오지 않고
군대 간 아들은 휴가도 못 오고
어머니 혼자서 긴긴 시간들을 간호를 했다
세월이 지난 뒤에야 인생사가 다 그런 거라고
내가 남편의 병원 생활을 십 년을 하고 나서야
어렴풋이 깨달았다 사람은 혼자가 된다는 것을

두 집 살림

아들 내외와 한 아파트에서 어미는
따로 끼니를 해결한다
젊은 것들은 산해진미를 해 먹어도
어미는 코로만 먹을 수 있다

한 뿌리에서 태어난 씨앗들은 성장하고
뿌리는 뿌리대로 자리를 지켜짐만
밟고 밟힌 뿌리는 까맣게 타들어 가는
숨소리만 가늘다

애완견

개를 안고 있는데 집안 어른이 왔다
인사를 하면서 가만히 있어라
아빠 다시 안아 줄까
하고 개를 내려놓는다!
이 광경을 본 어른이
아이고,
자네 세상이 아무리 변했다지만
어쩌다가 개하고 사랑을 해
개를 낳았나
요즘 것들
쯧쯧 하면서 혀를 찬다

화장실

적선하는 그대여
모든 사람의 고민을 해결해 주는 그대여
볼 것 다 보고 안 좋은 것 다 맡아가면서
불평 한마디 없이 묵묵히 받아주는 착한 그대여

한마디 인사도 없이 가는 사람들을
가리지 않고 누구나 다 안아주는 폭넓은 신사
아름다운 당신의 마음씨에 박수를 보낸다
사람들은 하루에도 몇 번씩 그대를 찾는다
고마운 줄 모르고 사는 고등동물들
돌아보지 말라

남자들의 길

2박 3일 여정의 여행
국제주유소 앞 집합
소문이 몰고 온
바람을 달고 간다는 것을
아는 사람은 다 알고

떠나기 전 난타전
지나가던 사람들이 눈과 귀
구미 금오산에 나이트클럽에 빠지고

그날 통째로 전세
마산 촌놈 물 만난 고기
2박 3일의 여정이 1박 2일로 끝
춤을 추었는지 몸을 비비었는지
무릎 다치고
성심병원 원장님이 아저씨 어쩌다 다쳤어요?
고향에서 모심기를 하다 삐끗했어요
두 달 치료
남자는 거짓말 아닌 거짓말을 하고 산다

산책

태풍 이튿날 오후에 서원곡 체육관 앞에 앉았다
산 능선이 안개와 이슬이 자욱한 산허리를 감고
어슬렁어슬렁 다가온다
나뭇잎도 덩달아 벙글거리면 안녕하세요?
하고 말을 건다
물에 발을 담그기 위해
두 번 세 번 시도를 하다가 만다

체육관에서 아저씨 한 분이
다리 밑으로 내려가면
물에 닿을 수 있어요 한다
물때가 입을 벌리고 있어
감히 자신을 잃은 할머니
옛날 같으면 하고
할머니는 개울물을 바라보고 있으니
옛날이 다가온다
첨벙첨벙 물장구치는 소리 들린다

오솔길

햇볕 화창한 어느 가을날 길을 걷는 나그네
작은 길 숲속에서 알밤을 쳐다보고 발을 들이미는데
다람쥐 한 마리가 입을 오물거리면서 욕을 한다
"야, 너희들은 먹을 것도 많이 있지 않니, 욕심을 버려
이 길은 우리들의 삶의 터전이야 염치도 없어" 하면서
입을 오물오물 하면서 달아난다
나그네 길을 가다말고 서서 내가 잘못했나!
고개를 갸우뚱거리면서 뒤로 옆으로 돌아보면서
허허 걸어가고 있다

여기저기 혀를 날름거리는 것들을 생각하면서

되 밑 장사

장돌림은 어느 마을이든 있다
농촌 할아버지 보리쌀 몇 되를 들고
시장에 갔다
장돌림 아주머니 보리쌀을 받으며
저 따라오세요?
자루를 받아갔다

할아버지 내가 왜 당신 따라가
하고 그 자리에 서 있다
온종일 서 있어도 그 아주머니는 오지 않았다
할아버지 선 자리는 사나운 바람만
지나가면서 허허 웃고 쳐다본다

그런 여자

눈치 없기로는 한가닥 하는 여자
멍청한 거라면 일등 하는 여자
온 동네 사람들이 다 알아도 혼자 모르는 여자
항시 자기 생각만 하는 여자
남편이 헛다리를 짚어도 모르는 여자
온 세상 사람이 자기와 같은 줄 아는 여자
술에 술 탄 듯 물에 물 탄 듯하고 사는 여자
남이 뭐라고 하면 이구동성으로 맞장구치는 여자
어른도 아이도 그저 그런 여자
참으로 한심한 여자
그 여자를 알고 있는 사람들은 무슨 말을 할까?
비웃을까 너털웃음을 웃을까? 헛웃음을 웃을까?
미소를 지을까?
아무리 생각해도 답이 없는 여자

행인

노인네 산 중턱에 벤치에 앉아 쉬고 있다
그때 젊은 남녀가 지나가면서 인사를 한다
노인은 좋을 때입니다 하고
나도 저럴 때가 있었는데 하면서 일어서는데
영감님과 같이 등산 갔던
눈 덮인 치악산이 다가온다
그때 눈을 쓸던 젖은 장갑이 지나간다

버스 좌석

경남데파트 앞에서 부부가 탄다
남편이 아내에게 좌석을 양보한다
바라보던 할머니 휴, 유심히 바라본다
오십 년 가까이 산 영감님 한 번도 양보는 없었다
먼저 탄 할머니 자리 양보에 언제나 서서 갔다
부러운 눈길이 자꾸만 걸어간다
버스에 내려서도 자꾸자꾸 따라간다

놀이터 공원

할머니 두 분의 눈길이 헤매고 있다
의자를 찾는 모양이다
먼저와 자리를 차지하고 앉아
노닥거리는 아동 지킴이들이
떼를 지어 다 차지하고 자리가 없다
할머니들 다리가 아픈 모양이다
이리저리 두리번거리다
화단 벽돌에 앉는다

아동 지킴이들은 서로가 자랑이 늘어진다
한 남자가 딸 자랑을 늘어놓는다
시아버지 땅이 공단에 들어가
돈이 수십억이 나왔다나! 어쨌다나
그 많은 돈을 자기 딸이 관리를 한다고
입에 침이 마르게 지즐거린다
한참을 노닥거리다 점심때가 되어서야
무더기로 같은 길을 간다
할머니들 참 좋은 세월이야 하고 일어선다

오지랖

세월을 잔뜩 먹은 할머니가 버스를 탄다
무거운 짐을 들고 힘겹게 올라온다
짐을 받아주면서
할머니 돈 모아 택시 타고 다니세요
경제도 풀리고 기사들 매상도 좀 올려주고요

오지랖 그 할머니도
세월은 비껴가지 못하고 버스를 타다가
손잡이를 거머잡고 매달린 저 노인네
지나간 그 말 한마디가 생각나서
허공을 바라본다
저 멀리 바람 소리 세월을 끌면서 지나간다

노란 버스

버스가 사라졌다
아이들 소리 들리지 않는다
정류장은 텅 비어있다
또 하루가 그냥 간다!
어제도 그냥 갔다
코로나 때문에 지구가 흔들린다
이웃도 멀어지고 만남도 소홀하다

오늘이나 내일이나 자꾸만 기다려진다
아침에 일어나니
노란 버스가 왔다 반갑다
떠들썩하다
아이들도 엄마들도 나와 있다
예전에 몰랐던
우리 집 앞에 버스들
이제야 산다는 것은 더불어 간다는 것
저 멀리 아침 바닷물 즐거워서 노래 부른다
안녕 여러분 하고 손 흔든다

사천 무지개 해변

무지개는 벌써 길가에 줄을 섰다

넓은 해변은 생명을 탄생시킨다고 몸을 흔들고
가쁜 숨을 쉬고 있다
낙조는 이미
온몸의 빛으로 바다를 덮고
눈을 동그랗게 뜨고
부시도록 으스댄다
물은 저 멀리서 개벌에 턱 받치고
줄을 서 서성거린다

겉과 속

생일 선물로
가방을 사 준다며
아들 식구랑 나선
백화점 나들이

저기 줄 선 사람들
경기가 안 좋다는 말은 다 거짓말?
북적거리는 명품가게
헝달아 휘둥그레진 눈
들어선 가방들의 도도함이란

며느리가 골라준 가방
어이쿠!
몇 달 치 내 생활비!
손사래 치는 나를
곁에 손자 놈이 슬며시
나의 손을 잡아끈다.

"할머니 가만히 계세요
엄마 아빠가 사 주신다 하잖아요"
소곤소곤하면서 눈을 찡긋한다

좋으면서 마음에도 없는
메아리가 날개를 단다
겉으로만 메아리친다
사람의 이기심은 앞뒤로
돌아 저만치 가고 있다

운전면허 시험

운전면허는
아무나 따냐는
남편의 핀잔에
겁도 없이 몰래 등록한
운전면허 시험
접수창구 아가씨
내 주민등록번호를 보고는
고개를 갸웃거리며
필기부터 치고 오라는 목소리에
걱정이 한껏 묻어난다

어수선한 분위기의 필기 시험장
시험 종료를 알리는 소리에 손가락에
힘이 빠진다
잠시 후
전광판에 환히 밝혀진
나의 수험번호
야호!
벌써 면허증을 손에 쥔 듯
오만 상상이 날개를 달았다

세차

나의 애마
나이는 6살
얼굴에 땟자국이
덕지덕지
녀석의 숙소는
햇빛도 들지 않는 지하실
가끔 햇빛 보는 날
때 묻은 모양새에 쏠리는
미안한 눈길
목욕탕 간 적이 언제더라

비바람이 치는 날
이때다! 하고
데리고 나온 애마
문학관 창작 시간
강의를 듣고 나오니
한결 말쑥해진 자태
오늘의 보금자리는
지하가 아닌 양지바른 일 층
무심했던 할머니의 애마 사랑
오늘은 햇빛에 반짝반짝

허망한 세월

쇠톱이 수풀을 난도질하듯 나뭇가지가
와르르 가슴에 내리박혔다
평생을 집안을 위해 몸을 던진 어머니
그녀도 세월은 건너뛰지 못하고
병원 신세
무심한 자식들은 건강 관리 못하다고
궁시렁거린다

고급인력을 병원에 잡고 있으면 어쩔거냐고
주름지고 그늘진 그녀들의
세월이 노을이 되어
서쪽 하늘을 붉게 물들인다
초승달도 함께 바라보고 말을 건다
그 고비를 넘게 되면 힘들지 않느냐고
구름이 웃으면서 다 그런 거라고
하늘거린다

허망한 세월·2

쇠톱이 나뭇가지를 자르듯이 와장창 내려앉았다
마산 사는 아들이 부모님 모신다고
집과 전답을 팔아 내려왔다
두 달을 잘 모신다고 한다
골방에 가두어 바깥출입이 어려웠다
아들은 평소에는 고요하지만
약주가 들어가면 개가 되어 멍멍거리고
고향은 먼 옛날이고
이제는 올 때 갈 때 없는 두 노인은
한날한시에 가고 말았다
소문은 날개를 달아 수년을 날아다니다
달고 달아 잊을 만하면 독초처럼 얼굴을 내민다
그날도 떠들썩하게 바람을 타고
남의 마을까지 돌아다녔다

저무는 삶

기우는 해를 붙잡고
산 능선을 타고
가을 들녘이
천천히 내려온다

어스름한 뚝방길
풀잎은 외로이 서성거린다
저녁노을은 이미 희미해져
벼 이삭의 꿈틀거림도
알아챌 수가 없다

마을 앞 정자나무
검은 제 몸이 부끄러워
가만히 숨죽이고
어둠에 몸을 맡긴다
시간은 멈추지 않고
앞만 보고 가고 있다
재촉하는 길은 말이 없다

농담

찻집에 할머니들 모였다
마침 찻집은 남자 혼자서 차를 팔고 있다
할머니들 입이 거칠다 못해 박장대소다
한참을 깔깔거려도 말 없는 주인장
조금은 미안함을 느낀 할머니들
저 남자 오늘 우리 때문에 귀 호강한 것 아이가
하면서 차를 기다린다
찻잔이 얌전히 할머니들 앞에 와서 다소곳이
인사를 한다 할머니들 이야기 잘 들었어요
다음에 또 오셔서 이야기 많이 들려주세요?
찰랑찰랑 늠실늠실 입맞춤을 한다

화이트 소주

앵지밭골 가는 길의 곰탕집
점심 먹으러 자주 가는 단골집
곰탕집 새댁, 어르신 오늘은 수육이 좋은데
맛보고 가이소 권하는 소리에 한 접시 시켰다
소주도 한 병 앞에 갔다 놓는다
반 병을 먹고 나오는데

어르신 남은 술은 냉장고에 넣어 놓을 테니
다음에 와서 잡수셔요 한다
새댁의 친절에 가끔 들리는 집
화이트 즐겨 먹던 영감 생각나
세월이 지난 지금 그 소주 반 병 잘 있는지
또 한 해가 간다

차종

쇼핑을 하고 계산하는 아가씨가
주차권 문제로 차 번호를 묻는다
'00 너 0000' 말을 하고 있는데
가만히 있으면 좋으련만
또 주책이 발동했다
"차 모닝이에요"
괜스레 끼어든다

옆에 있던 식구들 한바탕 웃는다
"어머니, 할머니, 거기서 왜 모닝이 튀어나와요"
나는 손자를 보고 큰소리로
"야, 인마! 모닝이 어때서" 하면서 웃었다
백화점에 내 차를 가져간 게 문제였다
젊은이들은 차종도 남을 의식하는 모양이다
지금은 모든 것이 다 남을 의식하는
시대가 되고 있다
참 알다가도 모를 일이다

창연시선 023

똥도 촌수가 있다

2024년 05월 13일 초판 1쇄 발행

지 은 이 | 이재덕
기획편집 | 이소정
펴 낸 이 | 임창연
펴 낸 곳 | 창연출판사
주　　소 | 경남 창원시 의창구 읍성로 36, 2층
출판등록 | 2013년 11월 26일 제567-2013-000029호
전　　화 | (055) 296-2030
팩　　스 | (055) 246-2030
E-mail | 7calltaxi@hanmail.net

값 12,000원
ISBN 979-11-91751-50-5　03810

ⓒ 이재덕, 2024

* 이 책의 판권은 저자와 창연출판사에 있습니다.
* 양측의 서면 동의 없이 무단 전재나 복제를 금합니다.
* 이 책은 한국예술인복지재단의 지원을 받아 발간 했습니다.